de arte / Design and Art Direction: *Aixa de López*
eño interior / Interior Design Adaptation: *Deditorial*

re la clasificación de la Biblioteca del Congreso está disponible previa solicitud.
s Cataloging-in-Publication Data is available upon request.

024-631-1
024-635-9

Printed in India
P 9 8 7 6 5 4 3 2 1

Este libro pertenece a:

This book belongs

¡que lo disfrutes como a una galleta

enjoy it like a freshly bake

Publicado por
Nashville, Ten
Grupo Nelson

Thomas Nelson
is a Trademark

Copyright © 2
Ilustraciones/I

A menos que s
NVI® © 1999,

Unless otherwis
Copyright © 19

Las citas bíblica
por Sociedade:
taken from The

Las citas bíblica
Eugene H. Pete
reservados/ The
by Eugene H. Pe

Todos los derech
de recuperación
otro—, excepto

All rights reserve
any form or by c
quotations in crit

Diseño y direcci
Adaptación del

La información s
Library of Congr

ISBN: 978-1-4
eBook: 978-1-4

Impreso en India
24 25 26 27 28

¿De Quién Soy?
Whose Am I?

Jackie Darby & Aixa de López

GRUPO NELSON
Desde 1798

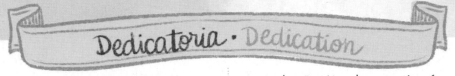

Dedicatoria · Dedication

Con inmenso amor y respeto para mi papá y mamá, Frederick y Margaret Uthe, y todos los padres que han abierto sus corazones al hermoso milagro de la adopción. No habría historia sin ellos. Eternamente agradecida por su amor sacrificial y por sus enseñanzas sobre mi Padre celestial.

With immense love and respect for my Dad & Mom, Frederick & Margaret Uthe, and all the other parents who have opened their hearts to the beautiful miracle of adoption. There would be no story without them. Eternally grateful for their sacrificial love, and for teaching me about my Heavenly Father.

Jackie

Para Darly y Evy. Ustedes son mis más grandes maestras en cuanto al quebranto y la belleza de la adopción. Gracias por extenderme gracia a lo largo del recorrido misterioso y hermoso de aprender a ser su segunda mamá.
Para Ana Isabel y Juan Marcos. Sin sus corazones sensibles no habría seis López García. Gracias por modelar el evangelio de forma tan tangible. Los amo para siempre.

To Darly & Evy. Both of you are my greatest teachers of the brokenness and beauty of adoption. Thank you for extending grace to me throughout this mysterious and beautiful journey of learning how to be your second mom. To Ana Isabel & Juan Marcos. Without your sensitive hearts, there wouldn't be six López García. Thank you for modeling the Gospel in such a tangible way. I love you all forever.

Aixa

Contenido · Contents

Introducción · Introduction

¿Alguna vez te has preguntado acerca del momento en que naciste y todos los detalles de los primeros días y años de tu vida? Si eres adoptado como yo, tal vez tienes muchas preguntas, así como yo las tuve. O tal vez conoces a alguien que fue adoptado y simplemente quieres entender lo que significa la palabra *adopción*.

Have you ever wondered about the moment you were born and all the details of the first days and years of your life? If you are adopted like me, maybe you have a lot of questions, just like I did! Or maybe you know someone who was adopted and you simply want to understand what the word *adoption* means.

7

A veces no es fácil hacer las preguntas o expresar tus sentimientos. ¡Te entiendo perfectamente! Esta historia está dividida en seis secciones y puedes leerla entre semana. Nuestra esperanza es que, leyendo mi historia, abrirás la puerta para tener conversaciones sobre ¿De Quién Soy?

Sometimes it's not easy to ask the questions or express your feelings. I understand you perfectly! This story is divided into six sections, and you can read it on weekdays. Our hope is that by reading my story, you will open the door to have conversations about Whose Am I?

Jackie

Una PREGUNTA MUY IMPORTANTE
A VERY IMPORTANT QUESTION

Darly se miró al espejo y se preguntó: «Realmente, ¿de quién soy?». Había **muchas** cosas que no sabía sobre su propia historia. Ella añoraba conocer y comprender todos los detalles de los primeros días y años de su vida.

Darly looked at herself in the mirror and asked, "Really, whose am I?" There were **many** things she didn't know about her own story. She longed to know and understand all the details about the first days and years of her life.

La gente a veces dice: «Nadie recuerda esos meses o años, ¡no es para tanto!». ¡Pero la verdad es que cada vida importa mucho desde el inicio! Su vida importaba, incluso desde que estaba en la panza de su mamá. Ella quería que alguien le contara la historia completa.

People sometimes say, "No one remembers those months or years; it's no big deal!" But the truth is every life matters a lot right from the beginning! Her life mattered, even from the time she was in her mom's womb. She wanted someone who could tell her the whole story.

Cada vez que Darly pensaba acerca de su vida, le parecía un rompecabezas con piezas que faltaban. ¿Y quién se queda tranquilo sin buscar las otras piezas? Saber de dónde vienes y cuánto esperaban tu llegada puede ser una fuente de gran alegría o un túnel profundo que te causa tristeza y vergüenza.

Every time Darly thought about her life, it seemed like a puzzle with missing pieces. And who sits still without searching for the other pieces? Knowing where you come from and how much you were wanted can be a source of great joy or a deep tunnel that brings you sadness and shame.

DARLY Y SU AMIGA JACKIE
DARLY and HER FRIEND JACKIE

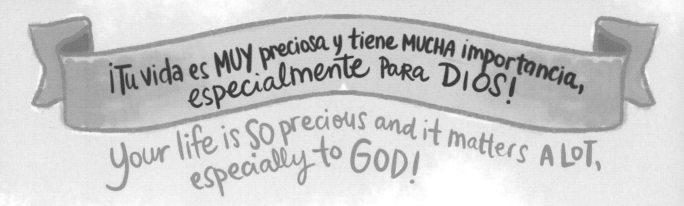

¡Tu vida es MUY preciosa y tiene MUCHA importancia, especialmente para DIOS!

Your life is SO precious and it matters A LOT, especially to GOD!

«Mis huesos no te fueron desconocidos cuando en lo más recóndito era yo formado, cuando en lo más profundo de la tierra era yo entretejido. Tus ojos vieron mi cuerpo en gestación: todo estaba ya escrito en tu libro; todos mis días se estaban diseñando, aunque no existía uno solo de ellos». (Salmos 139:15-16)

"My frame was not hidden from you when I was made in the secret place, when I was woven together in the depths of the earth. Your eyes saw my unformed body; all the days ordained for me were written in your book before one of them came to be." (Psalms 139:15-16)

Darly era muy afortunada porque tenía una amiga muy especial que la amaba mucho y la abrazaba cada vez que se veían. Darly sabía que podría platicar de sus inquietudes con Jackie y la entendería muy bien.

Darly was very fortunate because she had a special friend who loved her very much and hugged her every time they met. Darly knew that she could talk about her worries with Jackie and that she would understand her very well.

Jackie abrió la puerta y, como siempre, le dio la bienvenida a Darly con una sonrisa y un abrazo. Nacho, su perro, brincó y la saludó también. Ellas pasaron muy emocionadas a la cocina para comenzar a hacer galletas.

Jackie opened the front door and, as always, welcomed Darly in with a big smile and a hug. Nacho, her dog, jumped up to greet her too! Excitedly, they went straight to the kitchen, where they were going to bake cookies.

La receta no era una cualquiera. ¡Era la receta especial de Jackie que tanto le gustaba a Darly! Lo mejor de todo no eran las galletas (aunque claro que sabían deliciosas), sino lo que conversaban mientras medían y mezclaban los ingredientes con todo cuidado.

This wasn't just any recipe. This was Jackie's special recipe that Darly loved so much! The best part of all wasn't the cookies (though they surely tasted delicious), but what they talked about while they carefully measured and mixed the ingredients.

Darly comenzó preguntando: «¿Tú también en algún momento has querido saber de quién eres?». Y Jackie la miró con una sonrisa y dijo: «¡Sí, por supuesto! Muchísimas veces me he hecho esa pregunta». Luego dio un paso para acercarse a Darly, se detuvo un momento y pensó en cómo responder.

Darly began the conversation by asking, "Have you ever wondered whose you are, too?" And Jackie looked at her with a smile and said, "Yes, of course. I've asked myself that question many times." Then she took a step closer to Darly, paused for a moment, and thought about how to respond.

¿Qué sabes acerca del día en que naciste y cómo te hace sentir?

What do you know about the day you were born, and how does it make you feel?

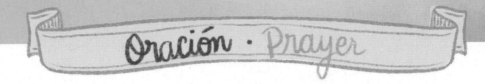

Oración · Prayer

Querido Padre celestial, ¡estoy muy agradecido de que conozcas cada detalle sobre mi vida y de que todos mis días ya estén escritos en tu libro! Aunque me resulte difícil, ayúdame a ser valiente y preguntar o expresar cualquier sentimiento acerca de mi vida a mis padres o a alguien en quien confíe. Amén.

Dear Heavenly Father, I am so thankful that you know every detail about my life and that all my days are already written in your book! Even though it may be hard, please help me to be brave and ask questions or express any feelings about my life to my parents or someone I trust. Amen.

La HiStORiA de JACKiE
JACKiE's StoRY

¡Todos queremos ser amados por nuestros padres, un familiar o un amigo especial!

«Que se amen los unos a los otros. Así como yo los he amado, también ustedes deben amarse los unos a los otros». (Juan 13:34)

Everyone wants to be loved by a parent, a family member, or a special friend!

"Love one another. As I have loved you, so you must love one another." (John 13:34)

Jackie comenzó a contarle a Darly: «No conozco exactamente el lugar o el día en el que nací, pero sé que Dios mandó a un ángel, o al menos a mí me parece que así fue».

Jackie began to tell Darly, "I don't know exactly the day or the place I was born, but I do know that God sent an angel, or at least that's how I see it."

«Un día, en un país lejano, una enfermera misionera se dedicaba a recorrer un lugar triste y apestoso donde ningún bebé debería estar: un basurero. ¡Ella me encontró acostada allí donde viven las ratas!».

"One day, in a faraway country, a missionary nurse walked through a very sad and stinky place where no baby should be: a garbage dump. She found me lying there where the rats live!"

Darly interrumpió: «¡Eso es triste y horrible!». Luego preguntó: «¿Qué sentiste al enterarte de esa parte de tu historia?».

Darly interrupted, "Oh, that's sad and awful!" Then she asked, "How did you feel when you heard that part of your story?"

«Por muchos años sentí vergüenza y no quería que nadie la supiera. No me gustaba pensar en ello ni hablar acerca de eso. A veces, hasta llegué a pensar que yo era basura, porque me habían encontrado en medio de ella. Pero he entendido, Darly, que el principio de tu historia es solo eso, el principio, porque no es todo lo que eres. ¡Hay mucho más!».

"For many years, I was so embarrassed, and I didn't want anyone to know my story. I didn't like to even think about it or talk about it. At times, I felt like I was a piece of garbage because of where I was found. But I have come to realize, Darly, that the beginning of your story is just that, the beginning, because it is not all that you are. There's so much more to it!"

«Cuéntame, ¿qué pasó después?», dijo Darly muy curiosa. Jackie añadió las chispas de chocolate a la masa de galletas y Darly las revolvió.

"Tell me what happened next?," said Darly with a curious glance. Jackie added the chocolate chips to the cookie dough and Darly stirred them in.

27

«Bueno, resulta que la enfermera me tomó con ternura y me sacó de la basura, porque ella sabía cuánto yo valía. Mi vida era importante y tenía un propósito, y pienso que Dios la mandó a rescatarme. Entonces la enfermera me llevó a un lugar limpio y seguro, un orfanato, un hogar para niños como yo que estaban solos, sin familia».

"Well, it turned out that the nurse gently picked me up out of the garbage because she knew how precious my life was. My life was important and had a purpose, and I believe God sent her to rescue me. Then the nurse took me to a safe and clean place, an orphanage, a home for babies and children like me who were alone, without a family."

«El orfanato se convirtió en mi hogar por unos cuantos meses. Allí me bañaron, me vistieron con ropa calentita y me dieron de comer. Estaba muy pequeña y frágil cuando llegué, pero con el tiempo, poco a poco empecé a sanar».

"The orphanage became my home for a few months. The caregivers bathed and dressed me in warm clothes and also fed me. I was so small and fragile when I arrived, but over time, I began to heal."

¿Hay alguien especial con quien puedes hablar acerca de tus sentimientos? ¿Cuáles son algunas formas en las que te sientes amado?

Is there someone special that you can talk to about how you feel? What are some ways that you feel loved?

Oración · Prayer

Querido Padre celestial, ¡gracias por haberme rescatado y por estar siempre conmigo desde el momento en que nací! Estoy agradecido de que envíes personas a mi vida que comparten tu gran amor. Ayúdame a entender lo importante que soy para ti y que me creaste con un propósito especial en este mundo. Amén.

Dear Heavenly Father, thank you for rescuing me and for always being with me from the time I was born! I am grateful that you send people into my life who share your great love. Help me to understand that I am very important to you, and that you created me with a special purpose in this world. Amen.

Un Nuevo Hogar

A New Home

¡DIOS te conocía ANTES del día en que naciste!
GOD knew you BEFORE you were EVER born!

«Antes de formarte en el vientre, ya te había elegido; antes de que nacieras, ya te había apartado». (Jeremías 1:5)

"Before I formed you in the womb I knew you, before you were born I set you apart." (Jeremiah 1:5)

Jackie miró a Darly y continuó contándole su historia: «Mientras tanto, del otro lado del mundo, en otro país, una pareja que tenía cinco niños había empezado a pedirle a Dios otro bebé».

Jackie looked at Darly and continued telling her story, "Meanwhile, on the other side of the world, in another country, a couple with five children had started asking God for another baby."

«Esta vez decidieron buscar a un bebé que necesitara lo que ellos ya tenían: un lugar seguro, una familia cálida y el amor de Dios».

"This time, they decided to search for a baby who needed what they already had: a safe home, a warm family, and God's love."

«Mis futuros padres querían darme un nuevo nombre, ¡uno que le anunciara al mundo que yo era querida para siempre! Pero después de algunos intentos, Dios respondió a sus oraciones, y tan pronto supieron de mí, dijeron: "¡Esta es la hija que estábamos esperando!"».

"My soon-to-be parents wanted to give me a new name to announce to the world that I was loved forever! But after a few attempts, God answered their prayers, and as soon as they heard about me, they said, 'This is the daughter we have been hoping for!'"

«Pero ¿cómo es que te querían sin siquiera conocerte? ¿Y por qué buscaron otro bebé si ya tenían muchos hijos biológicos?», preguntó Darly.

"But how could they love you without even knowing you? And why did they search for another baby if they already had so many biological children?", Darly asked.

«Bueno, hay personas que han recibido el amor más grande y fuerte de todos, el amor de Dios, y siempre buscan maneras de compartir ese amor con los demás. Dios les indicó a mis papás que para ellos, una forma de hacerlo sería agrandando su familia por medio del milagro de la adopción. Así fue como llegué a ser parte de su familia». Darly se quedó quieta sin revolver la masa, porque esto la intrigó.

"Well, there are people who have received the greatest and strongest love of all, God's love, and they always look for ways to share that love with others. God touched my parents' hearts to share His love by enlarging their family through the miracle of adoption. That's how I became part of their family." Darly stopped stirring the cookie dough and thought for a moment, because she was intrigued.

Jackie continuó diciendo: «¡Imagínate, Darly! Yo era tan pequeña cuando volé por primera vez en avión que no lo recuerdo, pero fue uno de los viajes más importantes de mi vida».

«¡Me encantan los aviones!», exclamó Darly mientras moldeaba cuidadosamente una galleta.

Jackie continued: "Can you imagine, Darly? I was so little when I first flew on a plane that I don't remember it, but that was one of the most important rides of my life!"

"I love airplanes!", exclaimed Darly while she carefully shaped a cookie.

Nacho se acercó con la esperanza de que un poco de masa de galleta cayera al piso. «Allí en el aeropuerto conocí a mis papás y al resto de la familia. ¡Todos estaban muy emocionados al verme y querían cargarme!».

Nacho moved closer with the hope that a piece of cookie dough would fall to the floor. "There at the airport I met my new parents and the rest of my family for the first time. They were so excited to see me and hold me!"

¿Qué piensas acerca de la historia de Jackie y cómo es tu vida diferente a la de ella?

What do you think about Jackie's story, and how is your life different from hers?

Oración · Prayer

Querido Padre celestial, ¡estoy muy asombrado de que siempre me hayas conocido, aun antes de nacer, y de que tengas un propósito para mí! ¡Gracias por el milagro de la adopción y por elegir a mis padres y mi familia, que tanto me aman! Por favor, ayúdame a tener un corazón agradecido y aceptar su amor por mí aun cuando me sienta solo. Amén.

Dear Heavenly Father, I am so amazed that you have always known me, even before I was born, and you have a plan for me! Thank you for the miracle of adoption and for choosing my parents and my family who love me so much! Please, help me to have a grateful heart and to accept their love for me even when I feel lonely. Amen.

EL MILAGRO
THE MIRACLE

¡La ADOPCIÓN es un HERMOSO milagro de DIOS!
ADOPTION is a BEAUTIFUL miracle of GOD!

«Los hijos que tenemos
son un regalo de Dios».
(Salmos 127:3, TLA)

"Don't you see that
children are GOD's best
gift?" (Psalms 127:3, MSG)

Darly se detuvo y pensó por un momento. Ahora tenía aún más preguntas. Comenzó diciendo:

«Entonces, ¿no recuerdas nada de tu llegada?».

Darly paused and thought for a moment. Now she had even more questions. She began to ask,

"So, you don't remember anything about your arrival?"

«Y cuando supiste que eras adoptada, ¿cómo te hizo sentir eso?».

"And when you found out you were adopted, how did it make you feel?"

«¿Cuándo te contaron tus papás la verdad de tu historia?».

"When did your parents tell you the truth about your story?"

Jackie comenzó: «Sí, yo no recuerdo mi llegada a la familia porque era una bebé, pero físicamente era muy diferente a los otros niños que estaban a mi alrededor. Mis ojos rasgados, el color de mi cabello y mi piel, todo me hacía lucir distinta a los demás. Para mis papás, mi adopción era una linda historia y algo de lo que estaban muy orgullosos, así que siempre los escuchaba contársela a otros».

Jackie began, "Yes, I was just a baby, so I don't remember my arrival to the family, but physically I was quite different from the other children where I grew up. My slanted eyes, the color of my skin and hair, everything made me look different from the rest. For my parents, my adoption was a beautiful story and something they were proud of, so I always listened to them tell it to others."

«Mi mamá había guardado una foto en blanco y negro que me habían tomado cuando llegué al orfanato, y compartió conmigo poco a poco toda la verdad que ella sabía acerca de cuando yo era muy pequeñita. Nunca se lo conté a nadie... pero ver esa foto me causaba mucha tristeza y vergüenza».

"My mom had kept a little black-and-white photo that they took of me in the orphanage, and she shared with me, little by little, everything that she knew about when I was very young. I never told anyone... but seeing that picture made me feel very sad and embarrassed."

Después de lavarse las manos,
Jackie sacó el libro de recuerdos
que su mamá le había
hecho y le mostró a Darly
su foto de recién nacida.

After washing her hands,
Jackie pulled out the
memory book that
her mom made and
showed Darly her
newborn picture.

«¡Qué dichosa eres, Jackie!», dijo
Darly suspirando. «Mis papás y
yo no conocemos casi nada de mi
historia, pero quisiera saber más».

"How lucky you are, Jackie!" said Darly,
sighing. "My parents and I don't know much
about my story, but I wish I knew more."

Mirándola a los ojos, Jackie le respondió con suavidad: «Te comprendo, Darly, pero lo más importante no es lo que sabes de tu pasado, sino más bien conocer a tu Creador y cómo Él te ha sostenido aun en los días que tú no recuerdas».

Looking into her eyes, Jackie said softly, "I understand, Darly, but the most important thing is not what you know from your past, but rather knowing your Creator and how He has taken care of you even during the days you don't remember."

«A veces, siento como si tuviera una tormenta en mi panza y mis manos empiezan a sudar al pensar en todo esto», dijo Darly bajando su mirada.

"At times, I feel like there is a storm in my tummy, and my hands start sweating when I think about all of this," said Darly looking down.

Jackie se acercó un poco más y le dijo: «Lo que sientes son emociones llamadas enojo, tristeza y vergüenza».

Jackie took a step closer and said, "What you are feeling are emotions called anger, sadness, and shame."

«Yo también me sentía así, especialmente cuando mis compañeros de clase se burlaban de mí porque era diferente».

"I felt this way too, especially when my classmates made fun of me because I was different."

«A veces sentimos tormentas dentro de nosotros porque fuimos hechos para que nos amaran y protegieran siempre, y cuando recordamos cómo se inició nuestra historia, nuestro cuerpo nos deja saber que algo no estuvo bien».

"Sometimes we feel storms inside of us because we were made to be loved and protected forever, and when we remember our stories, our bodies let us know something isn't quite right."

Nacho se sentó tranquilamente en un rincón, mirándolas como si estuviera escuchando la conversación.

Nacho sat quietly in the corner, looking at them as if he was listening to their conversation.

Pausa & Piensa ←

→ Pause & Think

¿En qué partes de tu cuerpo sientes el enojo, la tristeza y la vergüenza?

In what part of your body do you feel anger, sadness, and shame?

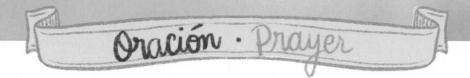

Oración · Prayer

Querido Padre celestial, hay veces en que el milagro de la adopción resulta triste y difícil de entender. Gracias por rodearme de una familia amorosa y por enviar a tu hijo Jesús, quien me ama tanto, que dio su vida por mí en la cruz. Ayúdame a compartir tu amor con quienes sienten tristeza. En tu nombre, Jesús. Amén.

Dear Heavenly Father, there are times when the miracle of adoption feels sad and difficult to understand. Thank you for surrounding me with a loving family and for sending your son Jesus, who loves me so much that He gave His life for me on the cross. Help me to share your love with others who feel sadness. In your name, Jesus. Amen.

¡Yo sé de Quién soy!

I Know Whose I am!

¡ERES una CREACIÓN MARavillosa!

You are FEARfully and Wonderfully MADE!

«¡Te alabo porque soy una creación
admirable! ¡Tus obras son maravillosas,
y esto lo sé muy bien!». (Salmos 139:14)

"I praise you because
I am fearfully and
wonderfully made;
your works are
wonderful, I know
that full well."
(Psalms 139:14)

62

«¿Podemos sentirnos extraños aun cuando ya tenemos una nueva familia?», preguntó Darly.

"Can we still feel strange even when we have a new family?", Darly asked.

«Sí… tu familia y todo su amor no son suficientes para llenar ese vacío. ¿Y adivinas qué? Aun si nunca hubiéramos perdido a nuestra primera familia, el vacío seguiría allí», respondió Jackie.

"Yes… your family and all their love aren't enough to fill that empty space. And guess what? Even if we had never lost our first family, that emptiness would still be there," answered Jackie.

Darly se veía perpleja y exclamó: «¿Es en serio?», y unos segundos después parpadeó y preguntó: «Pero, Jackie, ¿cómo es que eres tan feliz?».

Darly looked puzzled and exclaimed, "Are you serious?", and a few seconds later she blinked and asked, "But, Jackie, how can you be so happy?"

Jackie abrió la puerta del horno, colocó con cuidado las galletas bien moldeadas y programó el tiempo.

Jackie opened the oven door and carefully placed the well-shaped cookies and set the timer.

«Mi niña linda, llegué a comprender que aunque nunca sepa quién es mi mamá biológica, la que me tuvo en su panza, o por qué tuve que crecer separada de ella, Dios me hizo con amor y con un propósito. Él me conoció antes de formarme en el vientre de mi madre y me dio la vida».

"My sweet girl, I came to understand that even though I may never know my biological mom who carried me in her womb, or why I had to grow up apart from her, God created me with love and for a purpose. He knew me before I was formed in my mother's womb and He gave me life."

«Dios me protegió, me rescató y me puso en la familia que Él quiso para mí. Él me ha visto cada día de mi vida y conoce todo. ¡Yo sé de Quién soy! ¡Soy hija de Dios!».

"God protected me, rescued me, and placed me in the family that He wanted for me. Throughout my whole life, He has seen me and knows everything. I know Whose I am! I am God's child!"

"Someday, when we stand before Him in heaven, we may find out all the details, but until then accepting His great love for us is what we need most."

«Algún día, cuando estemos frente a Él en el cielo, quizás conoceremos todos los detalles, pero hasta entonces, aceptar su gran amor es lo que más necesitamos».

La Biblia nos dice:
The Bible Tells us:

La Biblia nos dice: «*Desde antes de crear el mundo Dios nos eligió, por medio de Cristo, para que fuéramos solo de él y viviéramos sin pecado. Dios nos amó tanto que decidió enviar a Jesucristo para adoptarnos como hijos suyos, pues así había pensado hacerlo desde un principio. Dios hizo todo eso para que lo alabemos por su grande y maravilloso amor. Gracias a su amor, nos dio la salvación por medio de su amado Hijo*». (Efesios 1:4-6, TLA)

¡Dios te ama, Darly, y me ama a mí también!

The Bible tells us, "*For he chose us in him before the creation of the world to be holy and blameless in his sight. In love he predestined us for adoption to sonship through Jesus Christ, in accordance with his pleasure and will— to the praise of his glorious grace, which he has freely given us in the One he loves.*" (Ephesians 1:4-6)

God loves you, Darly, and He loves me too!

Los ojos de Darly se llenaron de
lágrimas y Jackie la abrazó mientras
esperaban a que las galletas
terminaran de hornearse.

Darly's eyes filled with
tears and Jackie hugged
her as they waited for the
cookies to finish baking.

«Es posible que las tormentas
que sientes dentro de ti
no paren del todo».

"The storms that you feel inside
of you might not go away soon."

«Pero a medida que conozcas más a Jesús, Él las calmará. Jesús es el único que puede llenar ese vacío en tu corazón y te dará la paz que buscas, porque le perteneces a ÉL».

"But they will calm down as you get to know Jesus more. He is the only one who can fill that emptiness in your heart, and He will give you the peace that you are looking for because you belong to HIM."

El olor de las deliciosas galletas comenzó a inundar la cocina y toda la casa.

The aroma of the delicious cookies began to fill the kitchen and the whole house.

Las palabras de Jackie comenzaron a llenar de esperanza a Darly.

Jackie's words began to fill Darly with hope.

75

Y mientras disfrutaban de una galleta recién horneada, la paz de Dios comenzó a calmar la tormenta que había en su corazón.

And as they enjoyed a freshly baked cookie, God's peace began to calm the storm in her heart.

Pausa & Piensa

Pause & Think

¿Puedes nombrar algunos de los detalles más importantes de ti y tu historia?

Can you name some of the most important details about you and your story?

Querido Padre celestial, ¡estoy aprendiendo que me creaste con amor y con un propósito! Ayúdame a reconocer DE QUIÉN SOY, y que a fin de cuentas mi valor e identidad vienen de ti. ¡Muchas gracias por hacerme tu hijo y por adoptarme en tu familia! ¡Me llenas de gozo y paz! Amén.

Dear Heavenly Father, I am learning that you created me with love and with a purpose! Help me to realize WHOSE I AM and that ultimately my worth and identity come from you. Thank you for adopting me into your family, which makes me your child! You fill me with joy and peace! Amen.

¡Dios te Ama Mucho!
GOD LOVES YOU SO MUCH!

¡Dios te ama mucho y quiere ser tu Padre celestial! La Biblia dice en 1 Juan 3:1: *«¡Fíjense qué gran amor nos ha dado el Padre, que se nos llame hijos de Dios!»*. Hoy, puedes abrirle tu corazón y recibir su amor.

God loves you so much and wants to be your Heavenly Father! The Bible says in 1 John 3:1: *"See what great love the Father has lavished on us, that we should be called children of God!"* Today you can open your heart to Him and receive His love.

Querido Padre celestial, ¡hoy te quiero abrir mi corazón y ser adoptado en tu familia! ¡Estoy muy agradecido por el gran amor que me has dado! ¡Muchas gracias porque me has hecho una creación admirable! Ayúdame a conocer tu propósito para mi vida. Amén.

Dear Heavenly Father, I want to open my heart to you today and be adopted into your family! I am so grateful for the great love that you have given me! Thank you very much that I am fearfully and wonderfully made! Help me to know your purpose for my life. Amen.

¡Hagamos Galletas!
Let's bake cookies!

Ingredientes ♥ Ingredients

Receta especial de Jackie

2 ½ tazas de harina

1 taza de avena integral

2/3 taza de azúcar blanca

2/3 taza de azúcar
   morena compacta

1 cucharadita de sal

1 cucharadita de bicarbonato

2 barras de mantequilla

2 huevos grandes

1 cucharadita de vainilla

1 taza de chispas de chocolate
   oscuro semidulce

Jackie's Special Recipe

2 ½ cups flour

1 cup whole grain oatmeal

2/3 cup white sugar

2/3 cup packed brown sugar

1 teaspoon salt

1 teaspoon baking soda

2 sticks of butter

2 large eggs

1 teaspoon of vanilla extract

1 cup of dark semi-sweet
chocolate chips

Instrucciones ♥ Directions

- Precalienta el horno a 375 °F (190 °C).
- En un tazón grande, mezcla todos los ingredientes secos menos las chispas de chocolate.
- Suaviza la mantequilla hasta que alcance la temperatura ambiente.
- Mezcla los huevos, la vainilla y la margarina suavizada en otro tazón.
- Con la ayuda de la batidora, une despacio las dos mezclas.
- Agrega las chispas de chocolate a la masa.
- Coloca cucharadas generosas de la masa en una bandeja (aproximadamente 12 porciones).
- Hornea de 12 a 15 minutos. Rinde para alrededor de 2 docenas de galletas.

- Preheat the oven to 375 °F (190 °C).
- In a large mixing bowl, mix all dry ingredients except for the chocolate chips.
- Semi-melt the butter until soft.
- Mix the eggs, vanilla, and softened butter in another bowl.
- With a hand-mixer, slowly stir both mixtures.
- Add the chocolate chips until distributed evenly.
- Place generous spoonfuls of the dough on a baking tray (approximately 12 portions).
- Bake for 12-15 minutes. Makes about 2 dozen cookies.

ACERCA de las AUTORAS
ABOUT the AUTHORS

Jackie Darby

En 1963, **Jackie Darby** era una recién nacida abandonada en un basurero de Seúl, Corea, hasta que un día una enfermera misionera la encontró. Las cicatrices en su cuerpo de las mordeduras de las ratas son un recuerdo constante del abandono y el rechazo que experimentó durante los primeros días de su vida mientras yacía entre la basura.

Hoy es madre de dos hijos adultos y misionera a tiempo completo junto a su marido de 35 años, Randall. Ellos fundaron juntos el ministerio Start with One Global en Guatemala, donde se centran en animar y capacitar a los líderes de diversas maneras a fin de crear recursos autosostenibles para poder tener un mayor impacto en sus comunidades con el evangelio.

In 1963, **Jackie Darby** was a newborn abandoned in the garbage dump of Seoul, Korea, until one day a missionary nurse found her. The scars from the rat bites on her body are a constant reminder of the abandonment and rejection she experienced during the early days of her life lying among the garbage.

Today she is a mother of two adult children, and a full-time missionary along with her husband of 35 years, Randall. Together they founded the ministry Start with One Global in Guatemala where they focus on encouraging and training leaders in various ways to generate self-sustainable resources for a greater impact in their communities with the Gospel.

Foto del Orfanato
ORphanage photo

Fotos familiares
Family photos

Familia Darby
The Darby family

2022

Jackie & Randall ejerciendo su ministerio.

Jackie & Randall doing ministry work.

Randall, Kassy, Caleb, Jackie & Jenna.

Jackie & Darly

Darly Quinceañera

Una AMISTAD especial
A special FRIEndship

Aixa de López

Aixa de López es guatemalteca, diseñadora gráfica, escritora y oradora. Esposa de Alex y mamá de cuatro hijos, dos de los cuales vinieron por el milagro de la adopción. Es vocera de la Alianza Cristiana para los Huérfanos en Latinoamérica y miembro de la junta directiva de Christian Alliance for Orphans (organización basada en Estados Unidos). Ella reside en la Ciudad de Guatemala.

Aixa de Lopez is a Guatemalan graphic designer, writer, and speaker. She's married to Alex and is a mom to four, two of whom came through the miracle of adoption. She is a spokesperson for the Christian Alliance for Orphans in Latin American and a board member of Christian Alliance for Orphans (US based). She lives in Guatemala City.